Für

Von

Liebe ist größer als der Tod

IRMGARD ERATH

Ihr bleibt einander nah,

auch wenn ihr Abschied nehmen musstet.
Denn das, was euch verbindet,
ist stärker als das, was euch jetzt trennt.
Und eure Liebe wird all das bewahren,
was ihr füreinander gewesen seid.

*Vielleicht ist es
der tiefste Sinn der Liebe,
dass wir den geliebten Menschen
freigeben.*

ZENTA MAURINA

Der Augenblick des Abschieds
ist der Augenblick des Todes und seiner Macht
über das Leben.

Es ist aber auch der große Augenblick
der Liebe und ihrer Macht über den Tod.

Denn die Liebe wird uns nicht genommen,
*sie wird uns
neu geschenkt.*

DU MÖCHTEST NEIN SAGEN,

wenn der Mensch dich verlassen muss,
den du liebst.
Er aber braucht dein Ja
für das letzte Stück seines Weges,

*das er alleine
gehen muss.*

Begleitend
und tröstend

Grenzen sind gefallen, Raum und Zeit
zählen nicht mehr.
Der Mensch, der zu uns gehörte,
ist nicht mehr an unserer Seite.

Aber da ist seine Liebe, die uns begleitet,
die uns tröstet

*und die für immer
bei uns bleibt.*

Stille nach dem Abschied.
Stille um uns,
Stille in uns.

Stille, die unsere Trauer
umfängt und trägt.

Stille, in der unser Herz sich nach dem
*geliebten Menschen
sehnt.*

Das Glück, die Freude, unsere Träume,
das gemeinsame Leben ...

Wenn das alles zerbricht, zählt nur noch,
was wirklich wichtig war:

Die Liebe, die wir einander schenkten.

Innere Nähe

Einen Menschen,
in dem dir die Liebe begegnet ist,
kannst du nicht wirklich verlieren.

Denn er wird nicht gehen,
ohne etwas von dir mitzunehmen
und etwas Tröstendes in dir zurückzulassen:
das stille Wissen, dass ihr einander
immer nah bleibt.

Vertrau der Liebe.

Sie gibt dir die Kraft, den Weg,
den ihr gemeinsam gegangen seid,
auch jetzt weiterzugehen.

Vertrau der Liebe. Sie wird bleiben, was sie war:
Das Licht in deinem Leben
und in deinem Herzen.

Schöne Erinnerungen

SCHÖNE ERINNERUNGEN

erzählen von der Liebe,
der Nähe und all dem Glück, das du
durch den geliebten Menschen erfahren durftest.

Sie sind Geschenke, kleine Kostbarkeiten,

*die dir ganz
alleine gehören.*

Die Menschen um dich herum
möchten dich trösten:
mit Worten, mit Gesten, mit Blumen ...

Wage es, diese Zeichen
des Mitgefühls anzunehmen.
Denn sie können Geborgenheit schenken
und selbst in die tiefste Traurigkeit
ein Lächeln tragen.

Im Schmerz des Abschieds
kreisen all deine Gedanken und Fragen um das,
was geschehen ist.

Lass dir Zeit.
Die Liebe wird die Wunden behutsam heilen
und dir helfen, wieder nach vorne zu sehen

*und dich dem Leben
neu zu öffnen.*

Dieselbe Sonne,
die uns am ersten Tag begrüßte,
wird auch am letzten Tag unseres Lebens scheinen,
und seit der ersten Nacht begleiten
uns die gleichen Sterne.

Die Sonne, die Sterne …
Sie werden sich nie verändern,
sie kennen keine Zeit und keine Grenzen –
so wie die Liebe.

So fern und doch ganz nah
sind die Menschen,
um die wir weinen.

Sie sind fern aller Trauer,
fern aller Dunkelheit,
fern allem Leid
und so fern unserer Welt.

Sie sind ganz in der Freude,
ganz im Licht,
ganz in der Liebe
und ganz nah unserem Herzen.

Die Hoffnung

ist an deiner Seite, wie lang dein Weg
durch die Trauer auch sein mag.
Sie begleitet dich und wird dir immer Halt geben.

Still und geduldig wartet sie, bis dein Herz
bereit ist, vertrauensvoll anzunehmen,
was dir neu geschenkt wird.

So wie der neue Morgen
in der Nacht verborgen ist und
mit jedem Ende etwas Neues beginnt,
so wird auch deine Trauer sich wandeln.

Sie wird zu einer tiefen Dankbarkeit werden,
in der die Freude eines Tages wieder ganz
zu dir zurückkehren kann.

www.geschenkverlage.de
facebook.com/grohverlag
instagram.com/grohverlag

Aus Verantwortung für die Umwelt hat sich die Verlagsgruppe Droemer Knaur zu einer nachhaltigen Buchproduktion verpflichtet. Der bewusste Umgang mit unseren Ressourcen, der Schutz unseres Klimas und der Natur gehören zu unseren obersten Unternehmenszielen. Gemeinsam mit unseren Partnern und Lieferanten setzen wir uns für eine klimaneutrale Buchproduktion ein, die den Erwerb von Klimazertifikaten zur Kompensation des CO_2-Ausstoßes einschließt. Weitere Informationen finden Sie unter: www.klimaneutralerverlag.de

ANTEILNAHME VIEL KRAFT

TROST ZUVERSICHT STILLE

Wieder BEISTAND GEDANKEN

neuen

Mut SCHENKEN

Der Verlust eines geliebten Menschen trifft uns schwer. Es bleibt eine Lücke, die sich nicht schließen lässt. Oft stellt sich die Frage nach dem „Warum?", auf die wir keine Antwort haben. In dieser schweren Zeit die richtigen Worte zu finden und Kraft zu spenden, ist nicht leicht. Wir hoffen, dass uns dies gelungen ist und zu vermitteln: Auch in der Zeit der Trauer gibt es Menschen, die uns zur Seite stehen und für uns da sind – wir sind nicht allein.

Ihr Groh Team

Über die Autorin:
Irmgard Erath wurde in Sulz/Vorarlberg geboren. Zunächst galt ihr Interesse vor allem der italienischen Sprache und dem Zeichnen, bis sie zu ihrer ganz besonderen Begabung fand: dem Verfassen von Aphorismen und Prosatexten. Ihre erfolgreichen Bücher sind Ausdruck ihres liebevollen Einfühlungsvermögens und sprechen vielen Menschen aus dem Herzen.

Idee und Konzept: GROH Verlag. Das Werk einschließlich seiner Teile ist urheberrechtlich geschützt. Jede Verwertung außerhalb der engen Grenzen des Urheberrechtsgesetzes ist ohne Zustimmung des Verlages unzulässig und strafbar. Das gilt insbesondere für Kopien, Einspeicherung und Verarbeitung in elektronischen Systemen.

Textnachweis: Wir danken allen Autoren bzw. deren Erben, die uns freundlicherweise die Erlaubnis zum Abdruck von Texten gegeben haben.

Bildnachweis: Cover: GettyImages/Moment/EujarimPhotography; Ornamente: Shutterstock/anfisa focusova, S. 2: Getty Images/EyeEm/Stefano Petrou; S. 4: Getty Images/Moment/Jane Khomi; S. 6: iStock.com/kieferpix; S. 8: Getty Images/ViewStock; S. 10: Getty Images/Moment/Teresa Lett; S. 12: Getty Images/Moment/Anton Petrus; S. 15: Getty Images/Moment/Vikas Gupta; S. 16: Getty Images/Westend61; S. 18: iStock.com/antares71; S. 20: Getty Images/Corbis Documentary/Michael Peuckert; S. 22: Getty Images/Westend61; S. 24: Getty Images/Moment/shanghaiface; S. 26: Getty Images/Moment/NomadicImagery; S. 28: iStock.com/borchee; S. 30: Getty Images/Cultura/Bettina Mare Images; S. 32: Getty Images/EyeEm/Cavaillon Lucie; S. 35: iStock.com/Prensis; S. 36: iStock.com/Rike; S. 38: Getty Images/Moment/fhm; S. 40: Getty Images/Moment/Thang Tat Nguyen; S. 42: iStock.com/borchee; S. 44: iStock.com/middelveld.

Layout & Satz: Petra Schmidt Grafik Design

Gesamtherstellung: AZ Druck und Datentechnik GmbH, Kempten

Liebe ist größer als der Tod
GTIN 978-3-8485-0172-4
© 2018 Groh Verlag. Ein Imprint der Verlagsgruppe Droemer Knaur GmbH & Co. KG, München
www.geschenkverlage.de